MANDALAS

Volumen 12

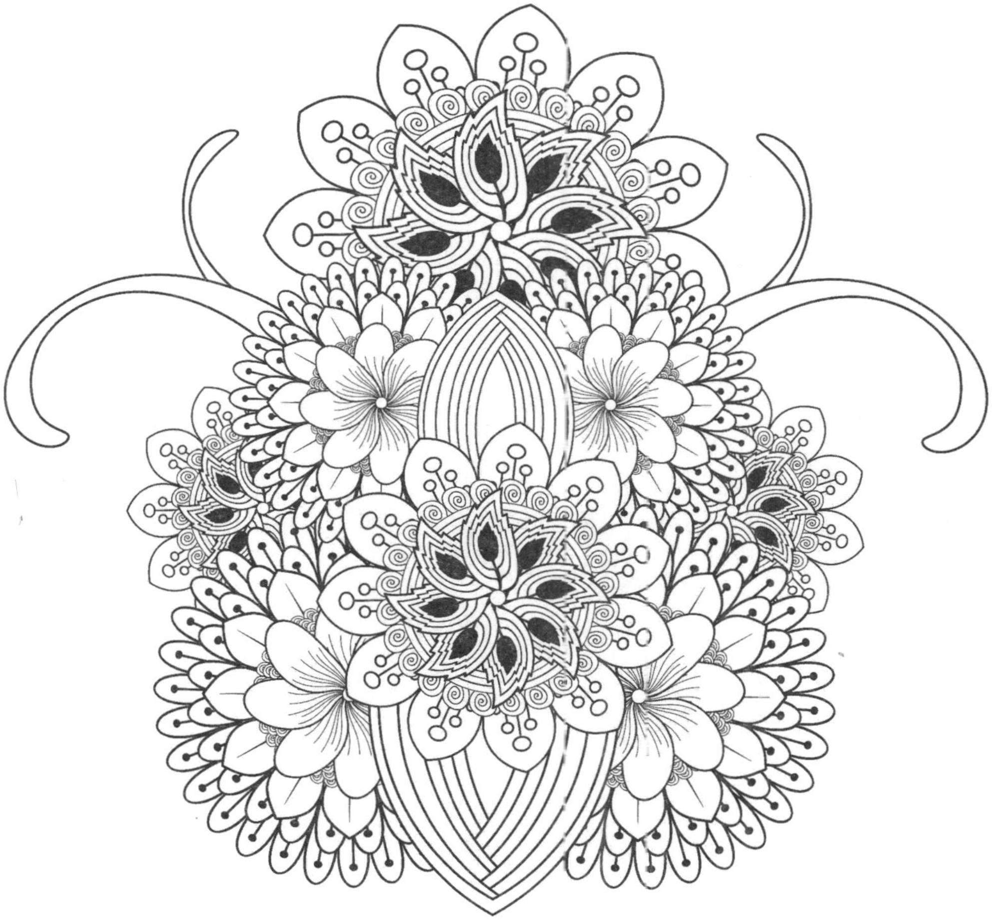

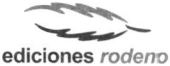
ediciones *rodeno*

LIBRO DE COLOREAR PARA ADULTOS

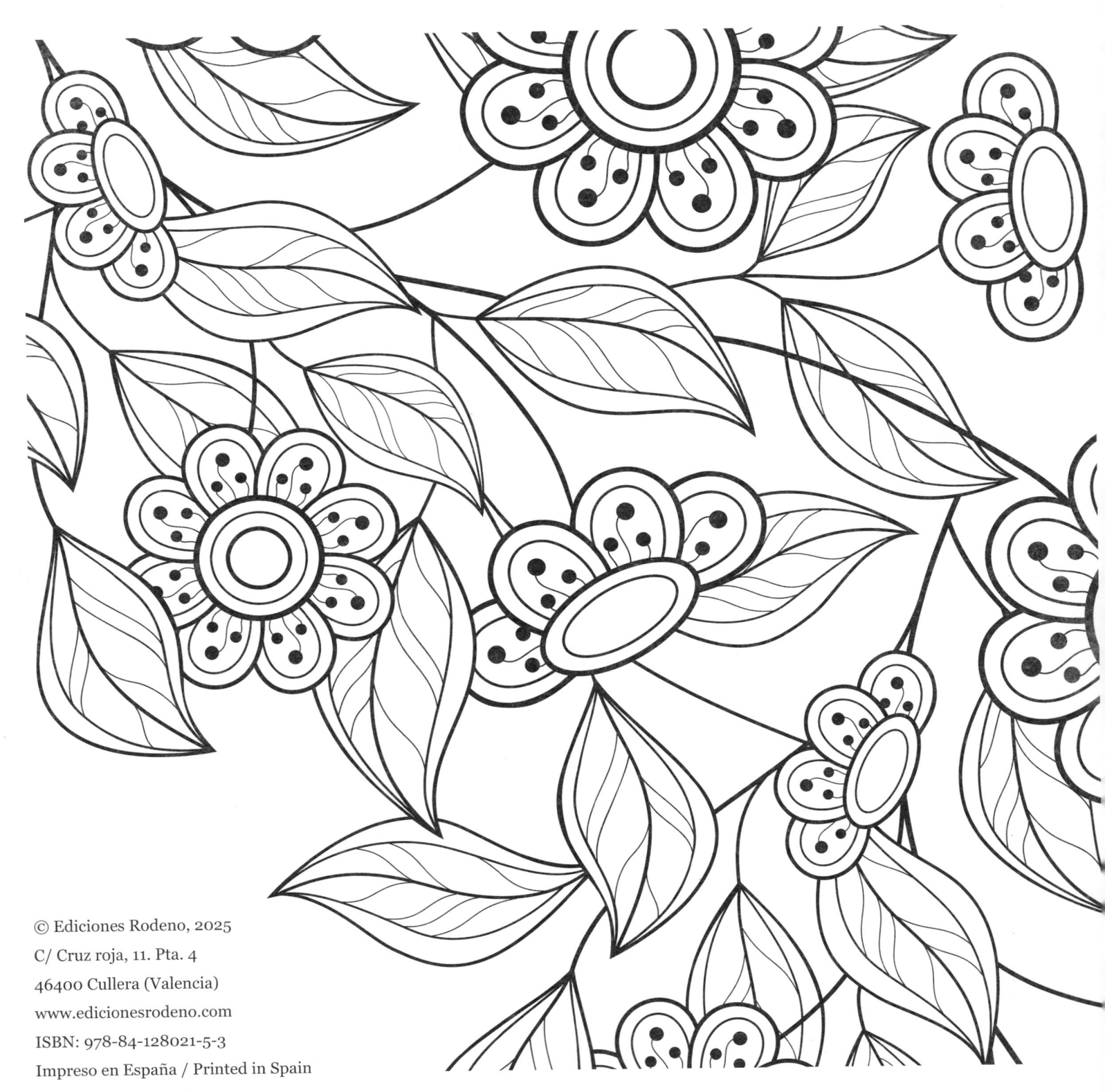

C/ Cruz roja, 11. Pta. 4
46400 Cullera (Valencia)
www.edicionesrodeno.com
ISBN: 978-84-128021-5-3
Impreso en España / Printed in Spain

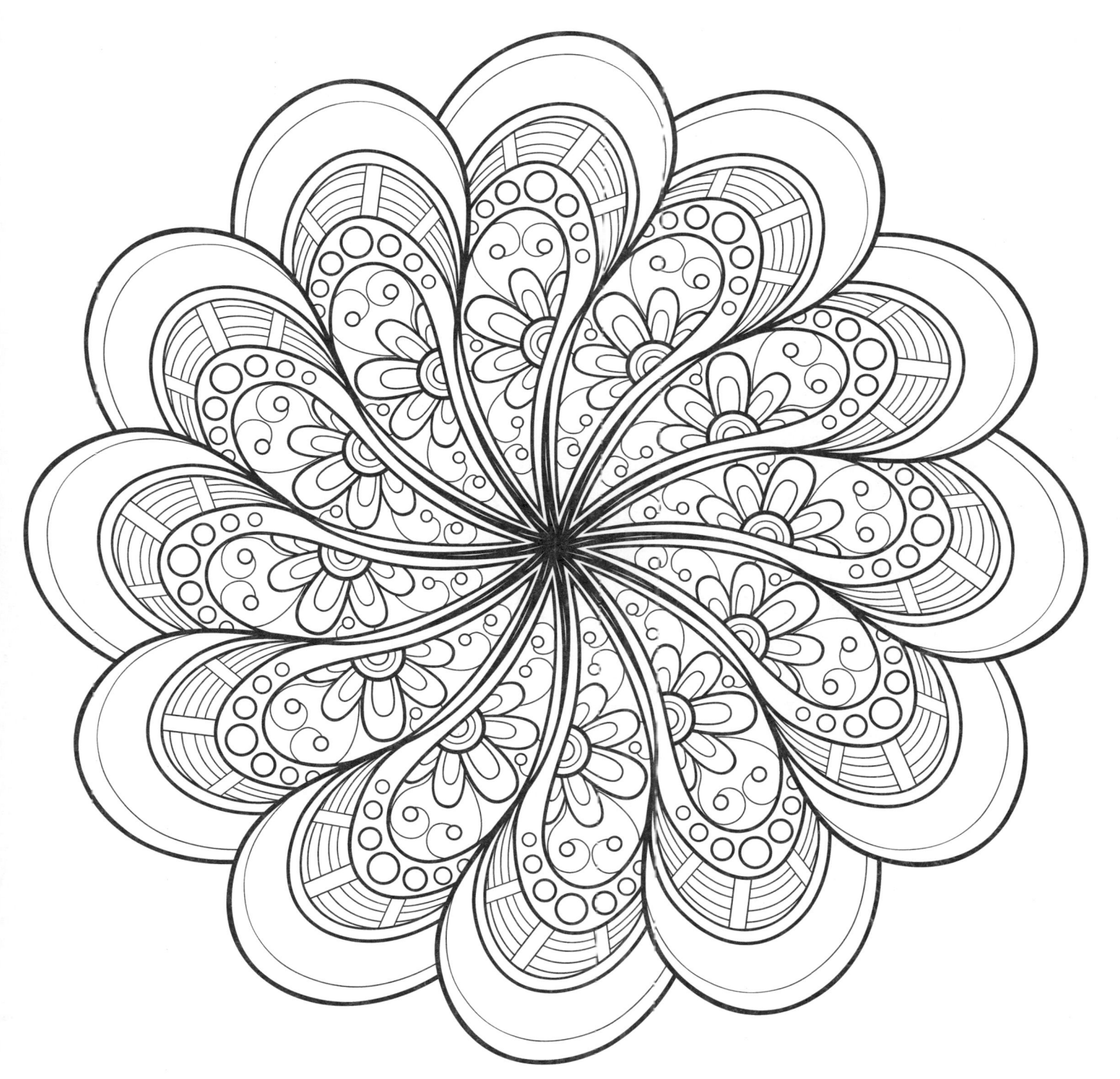

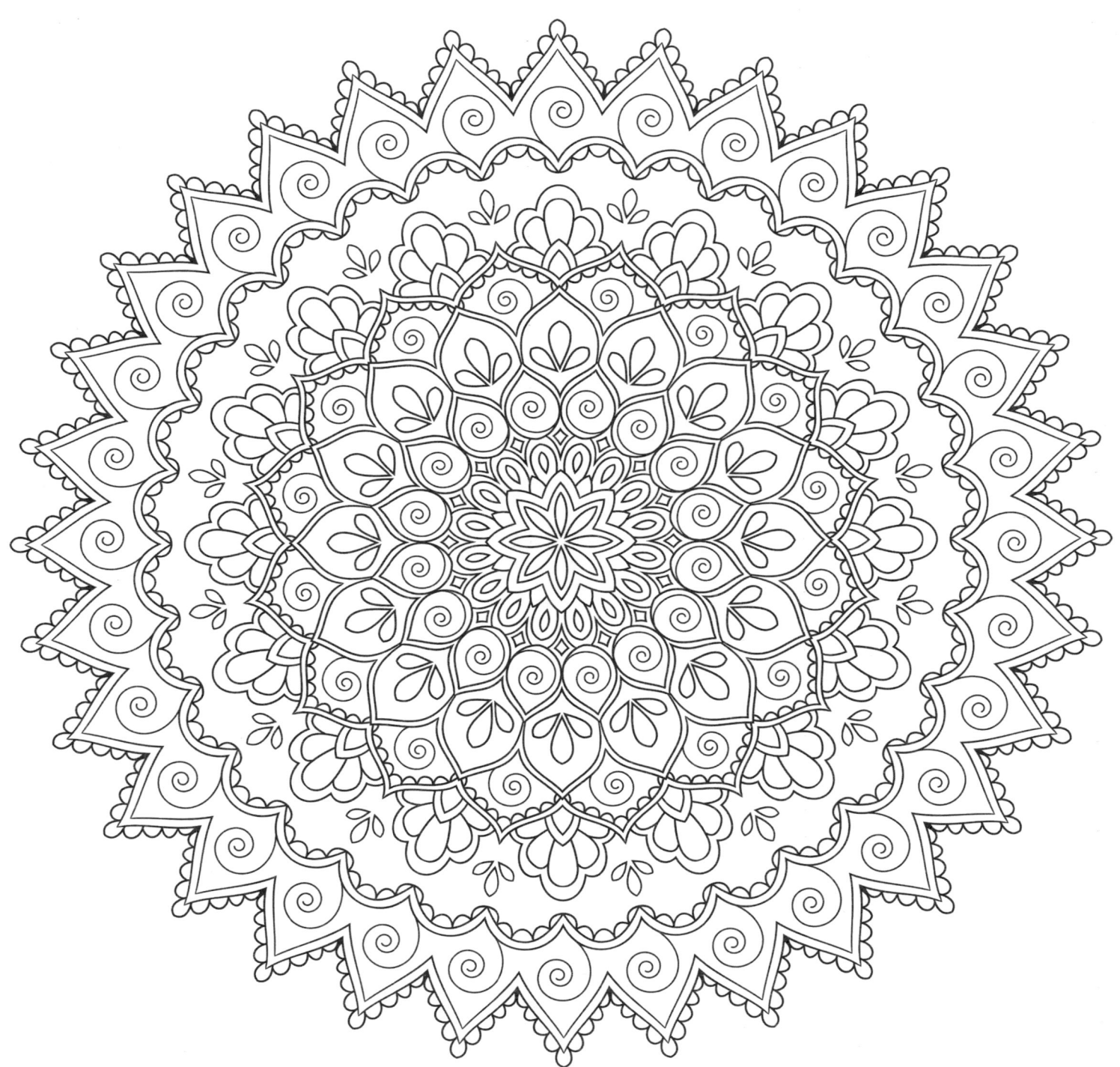

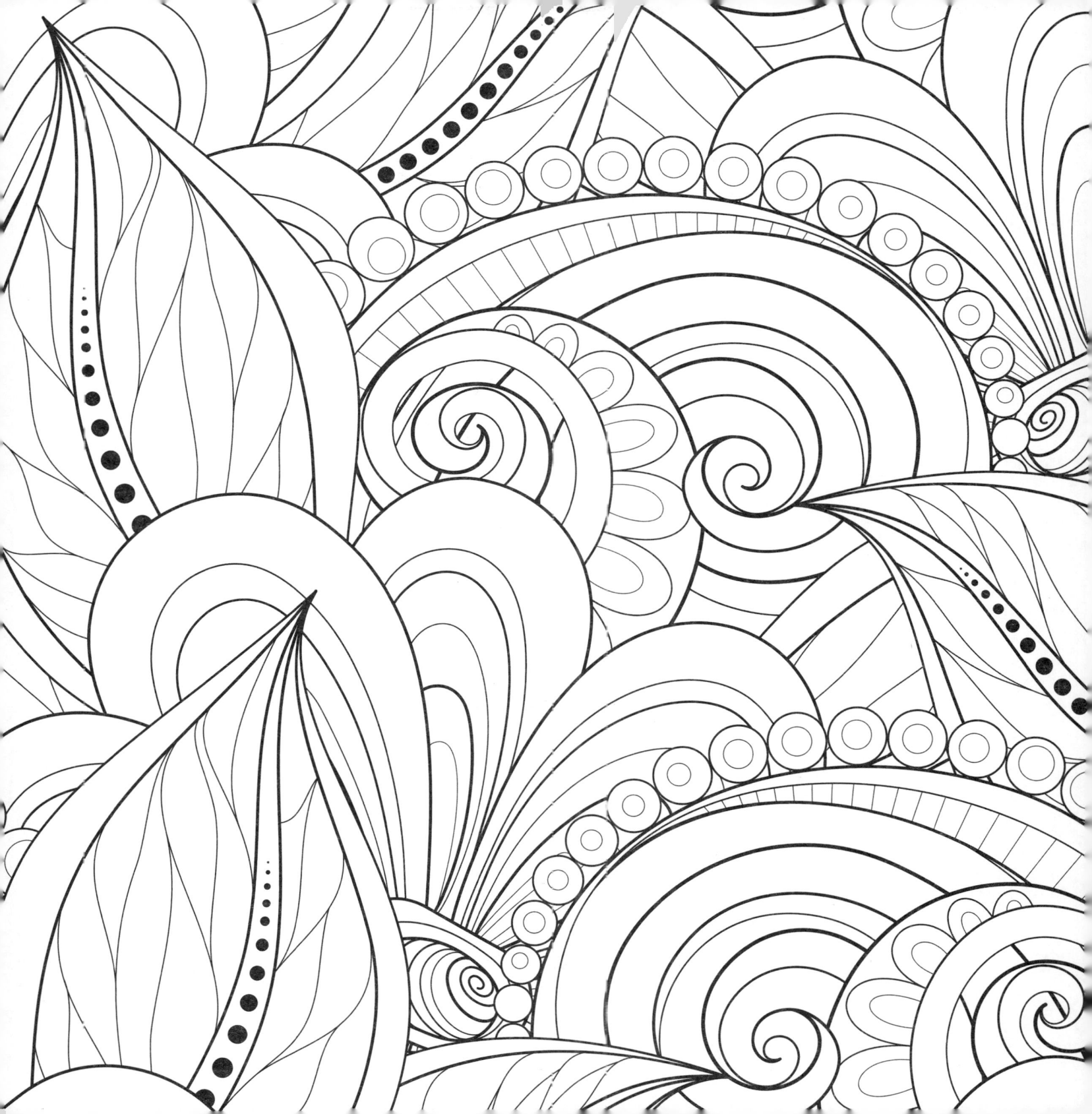

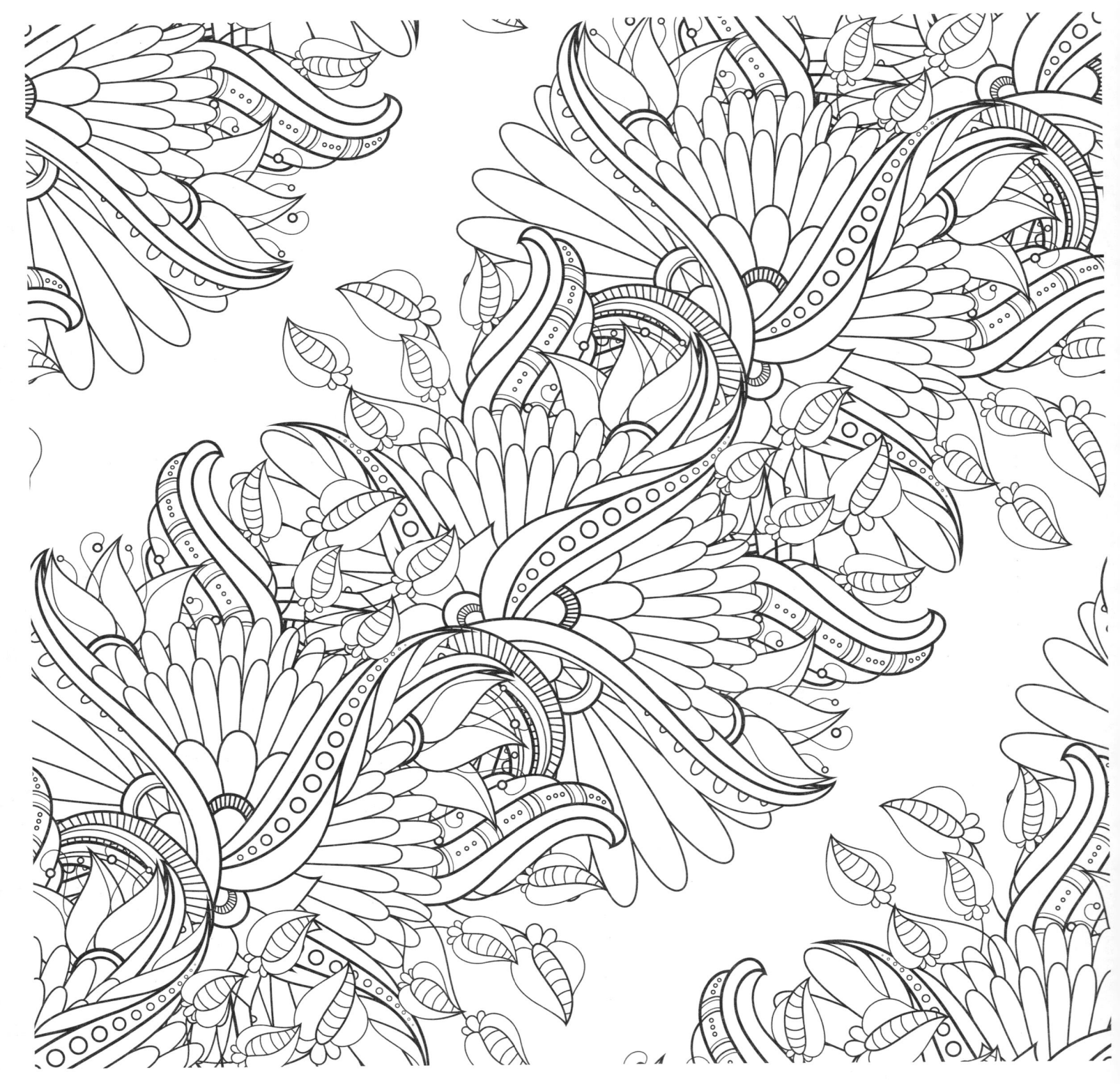

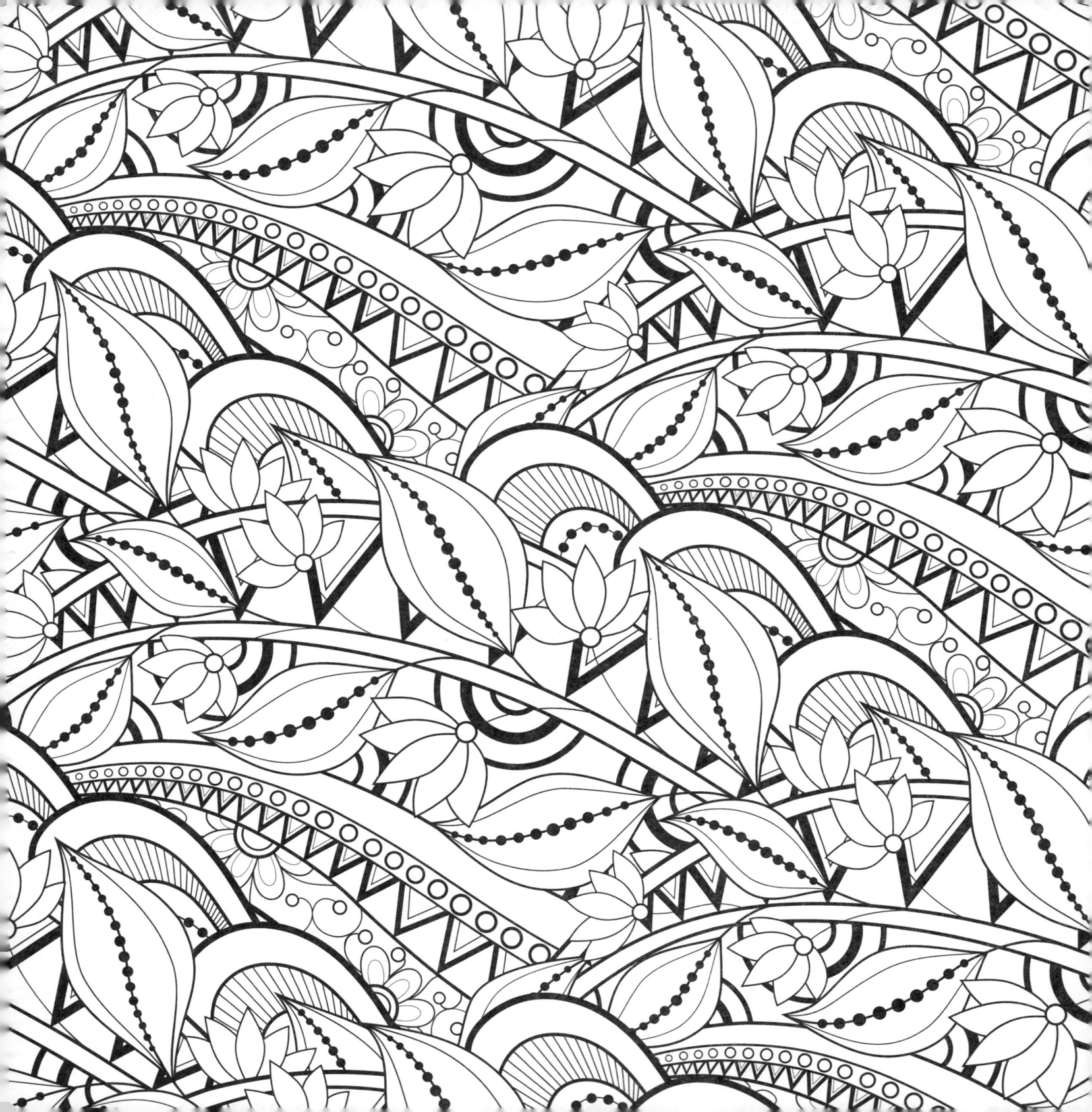

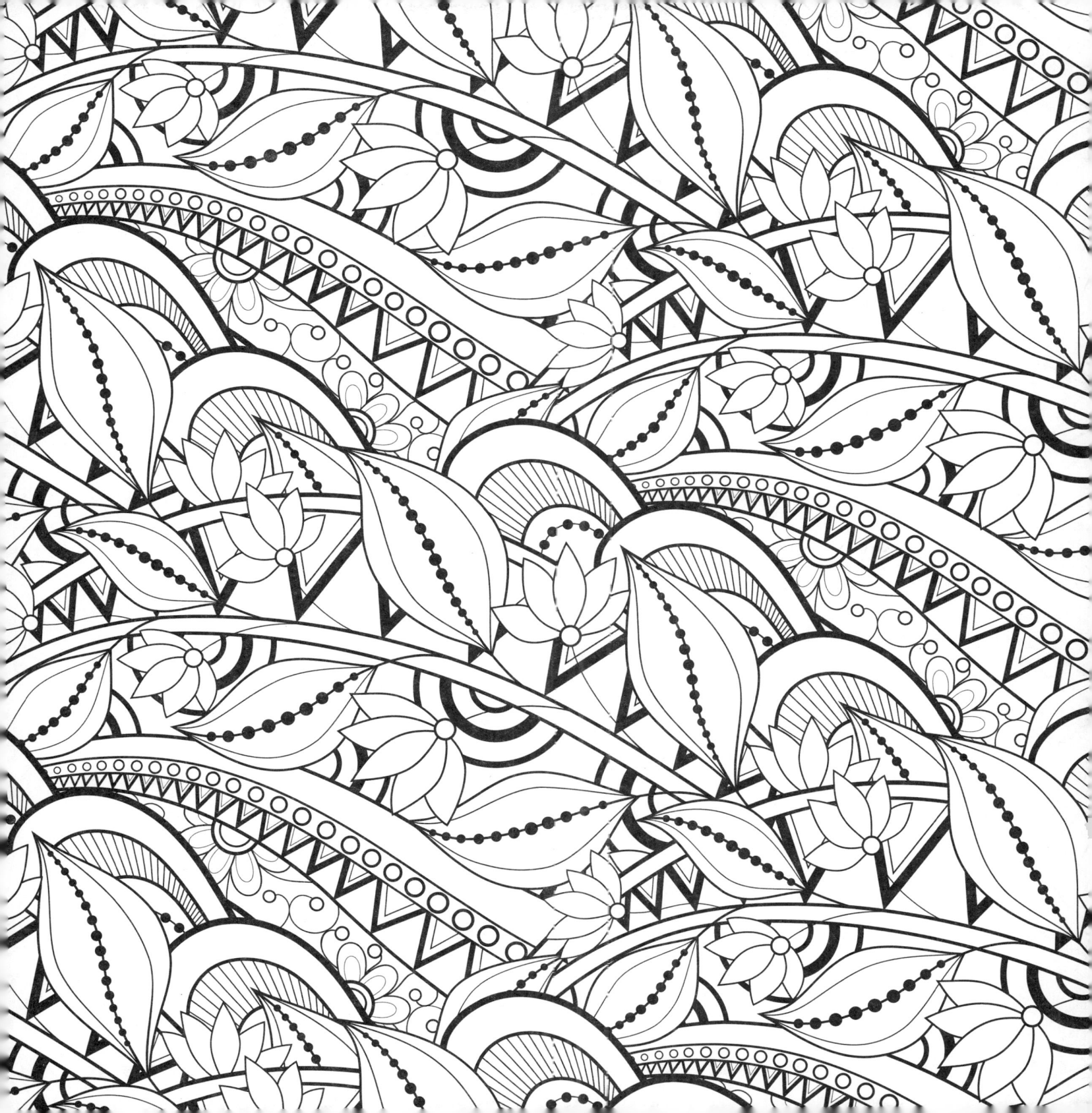

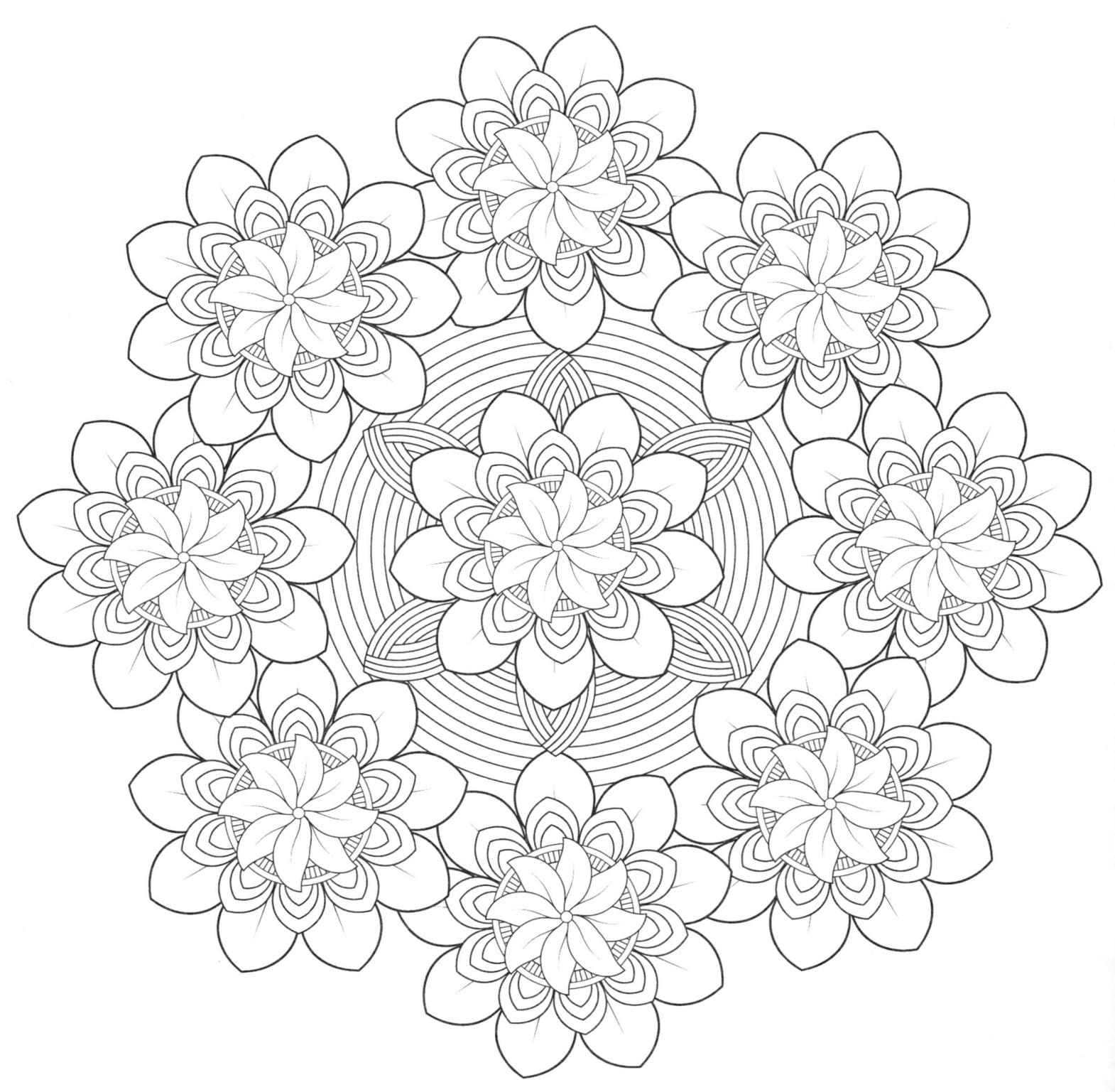

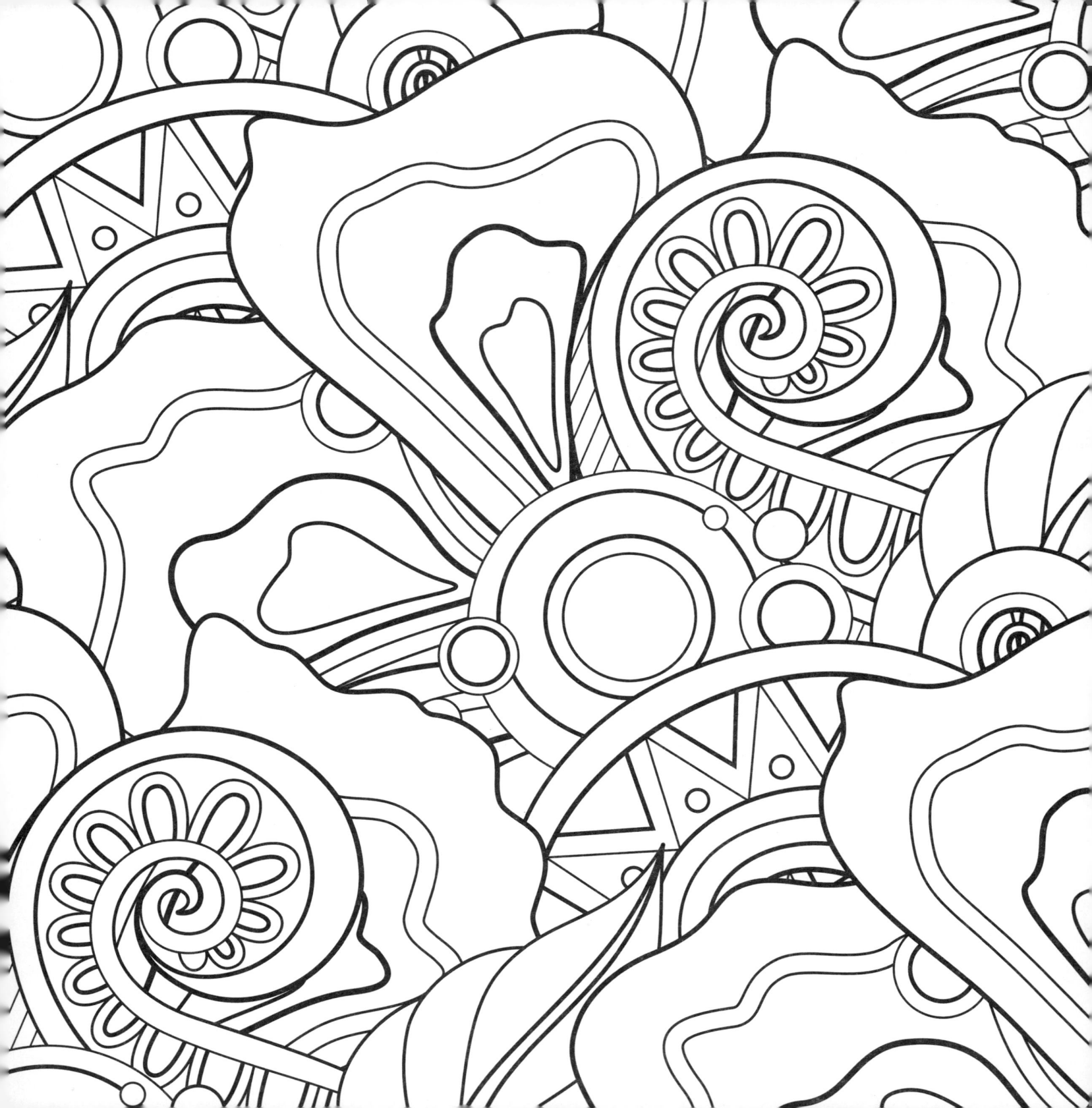

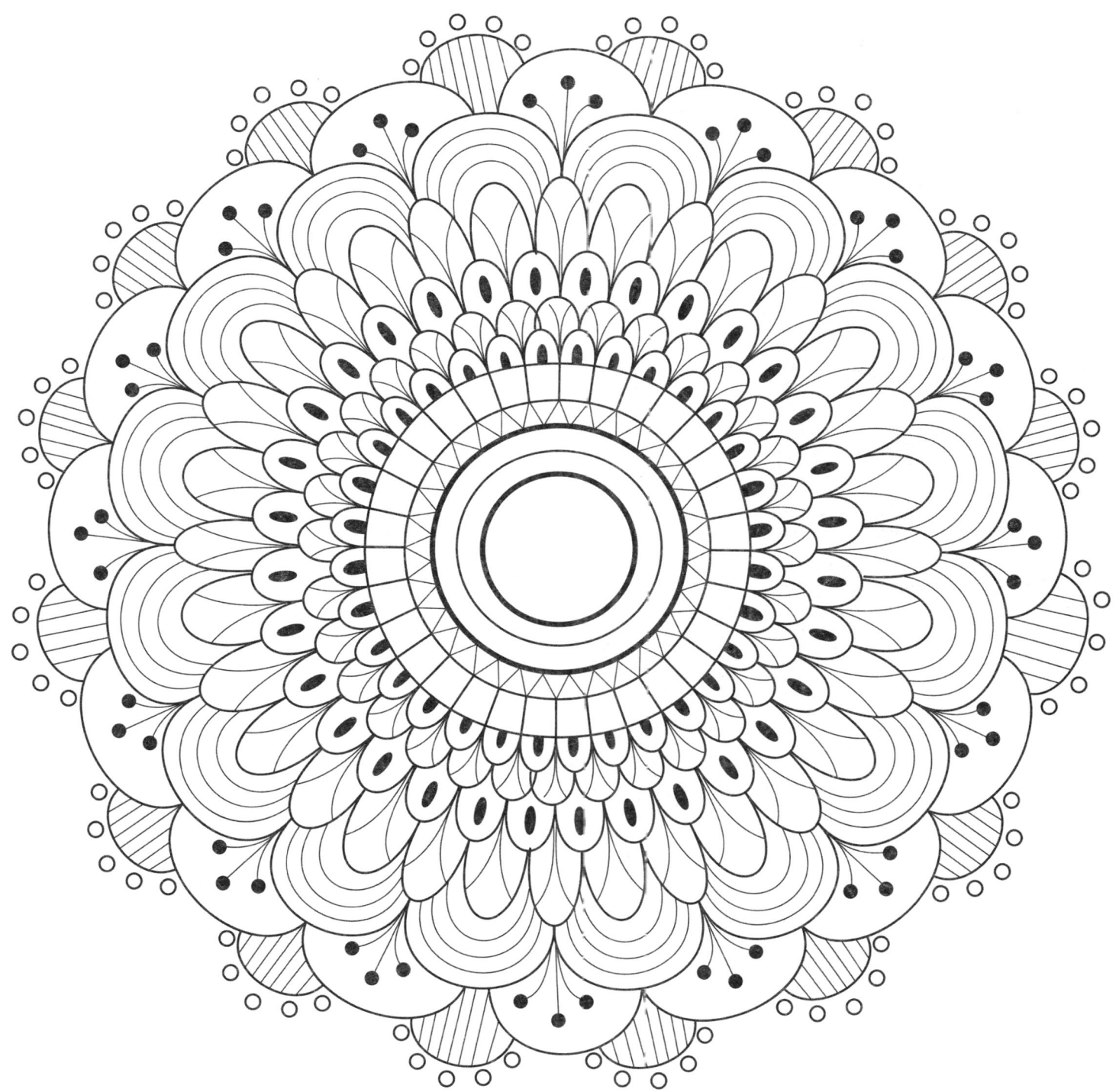

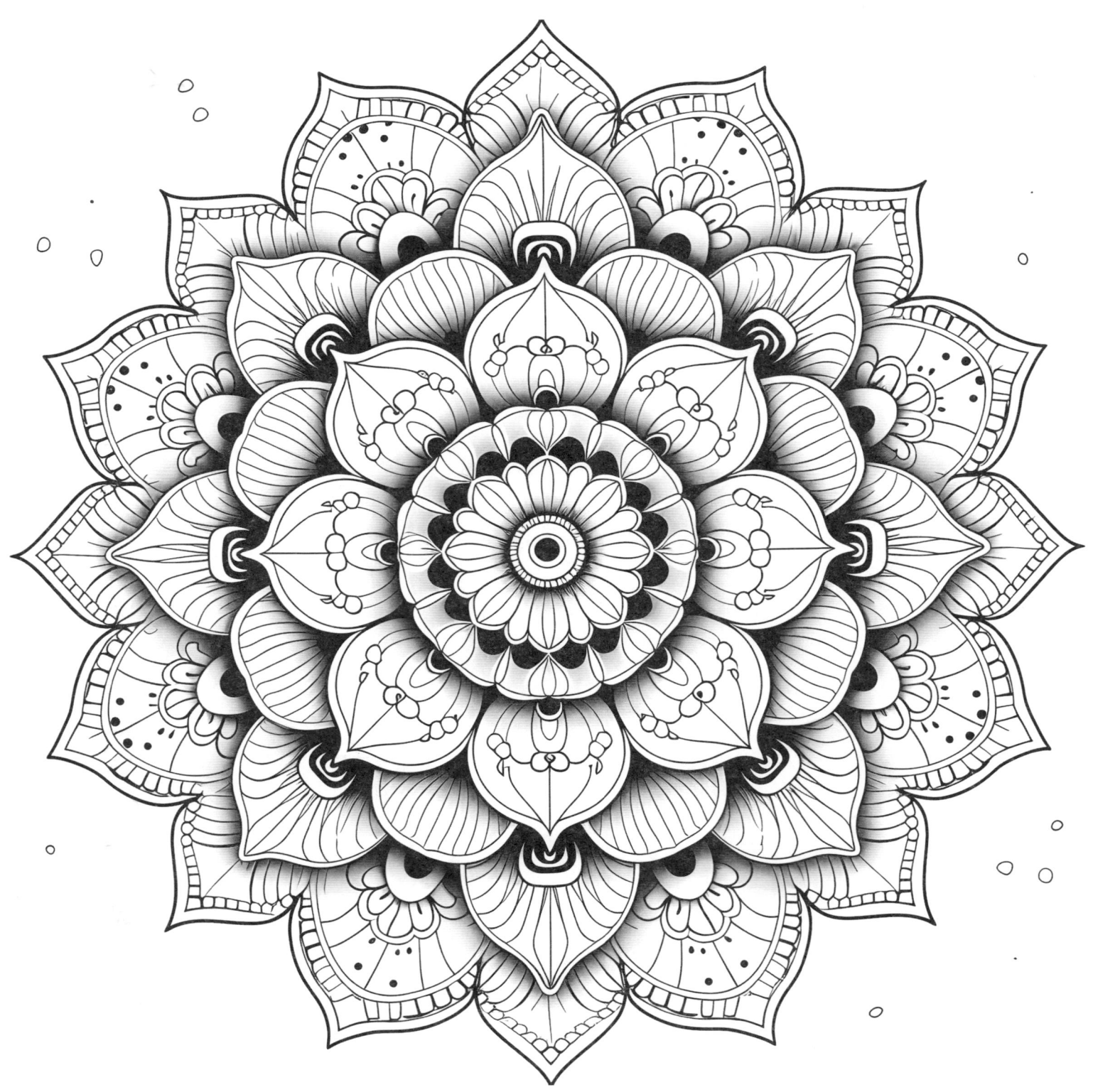

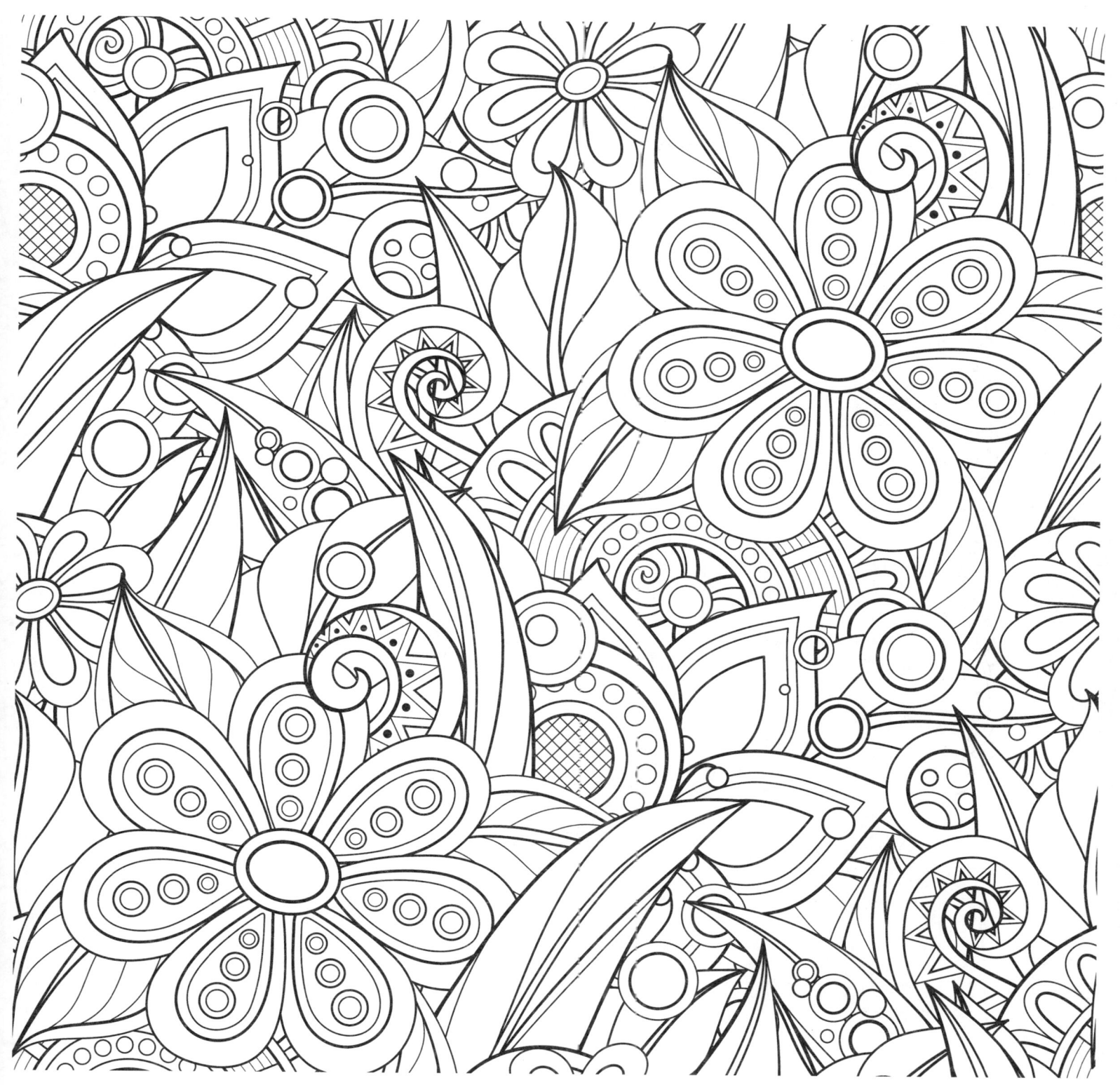

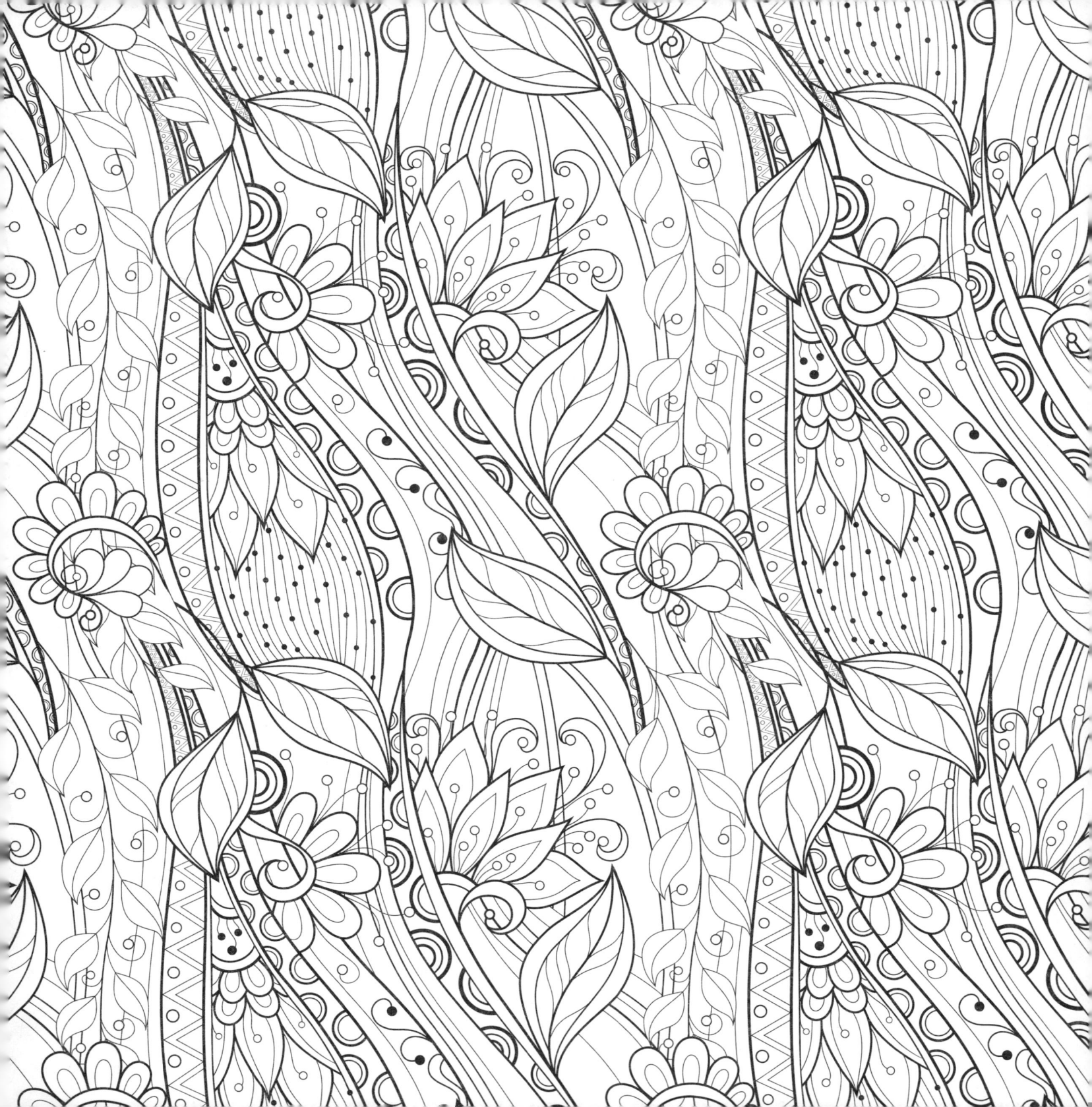

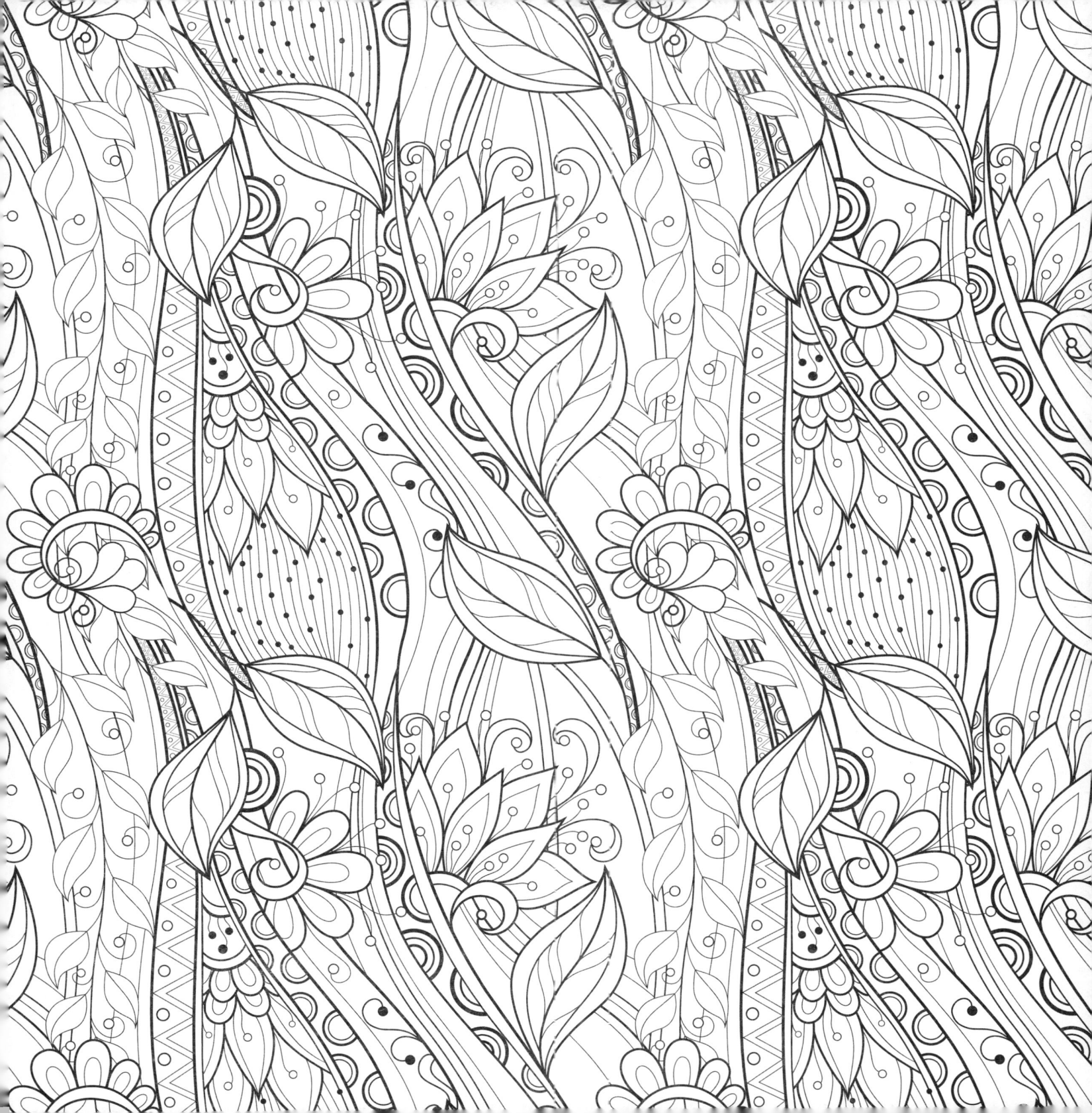

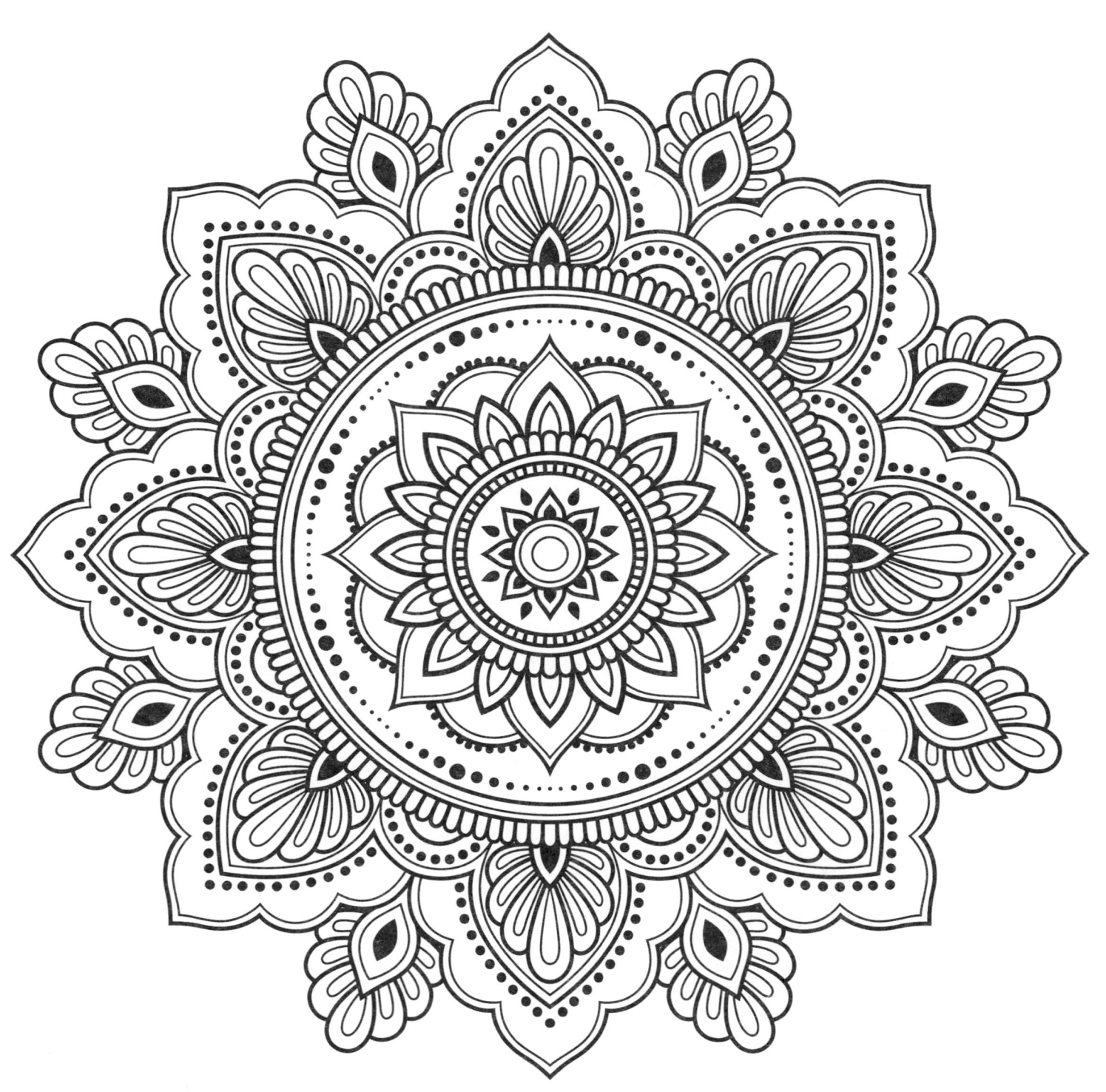

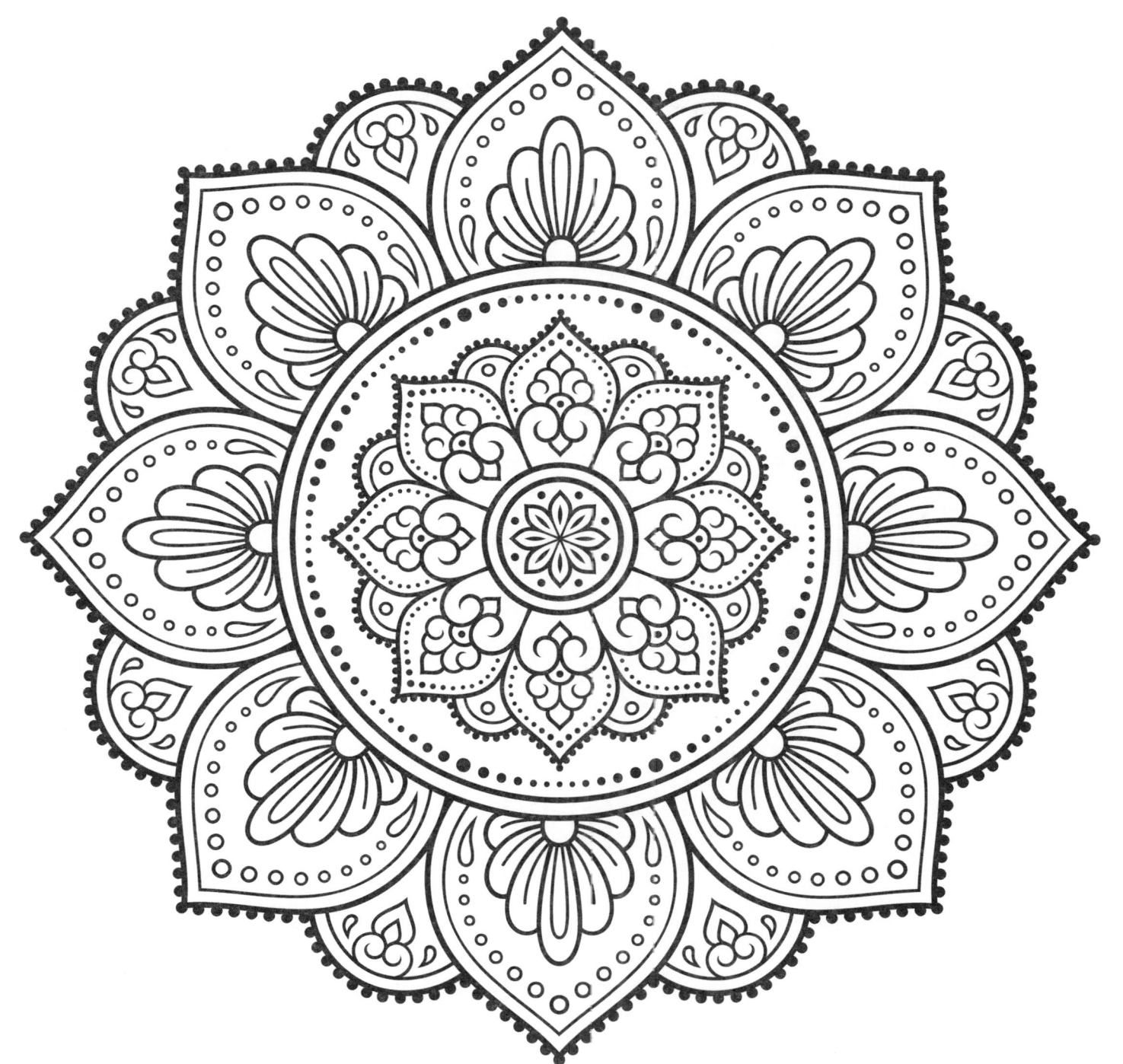

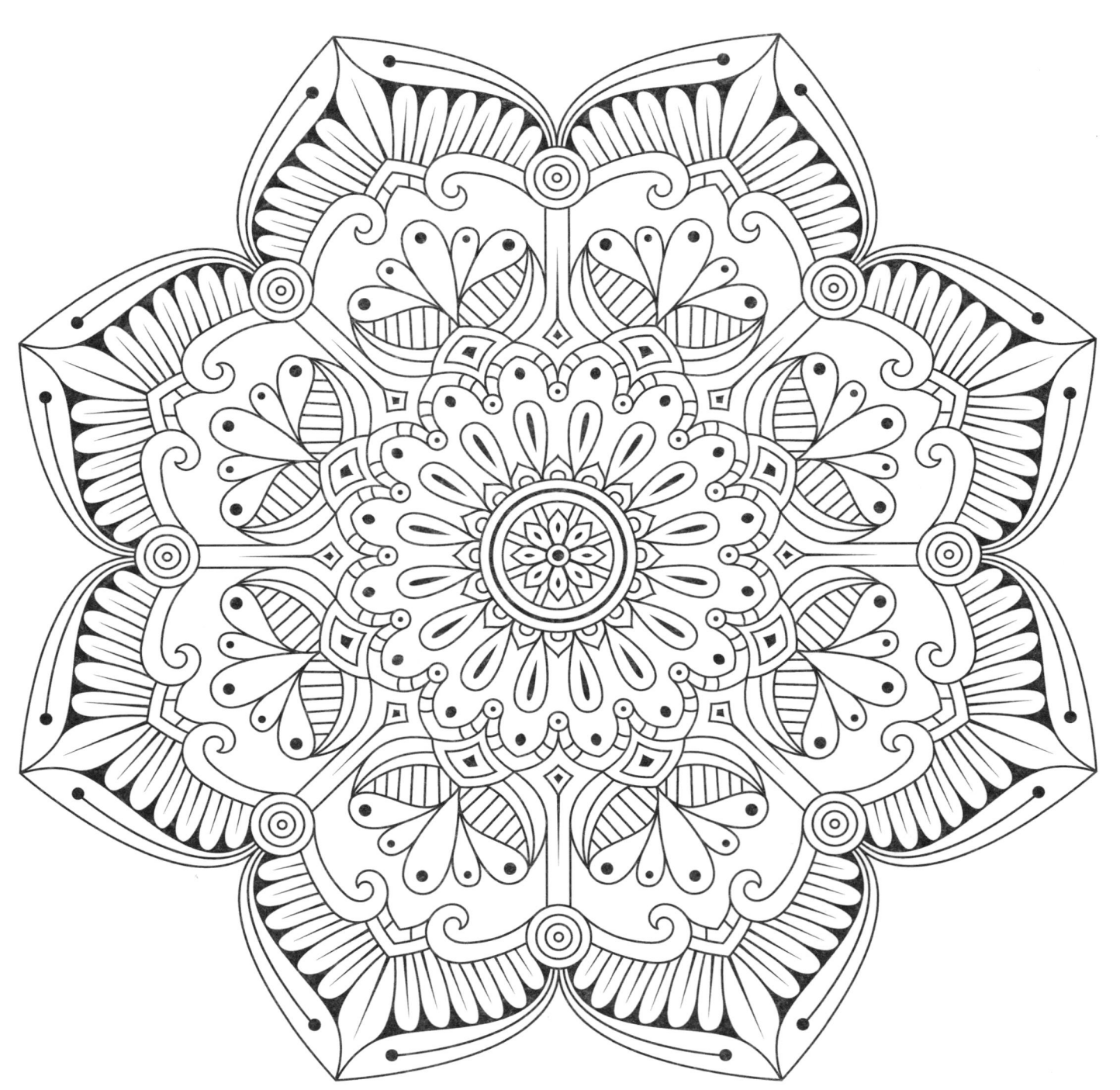

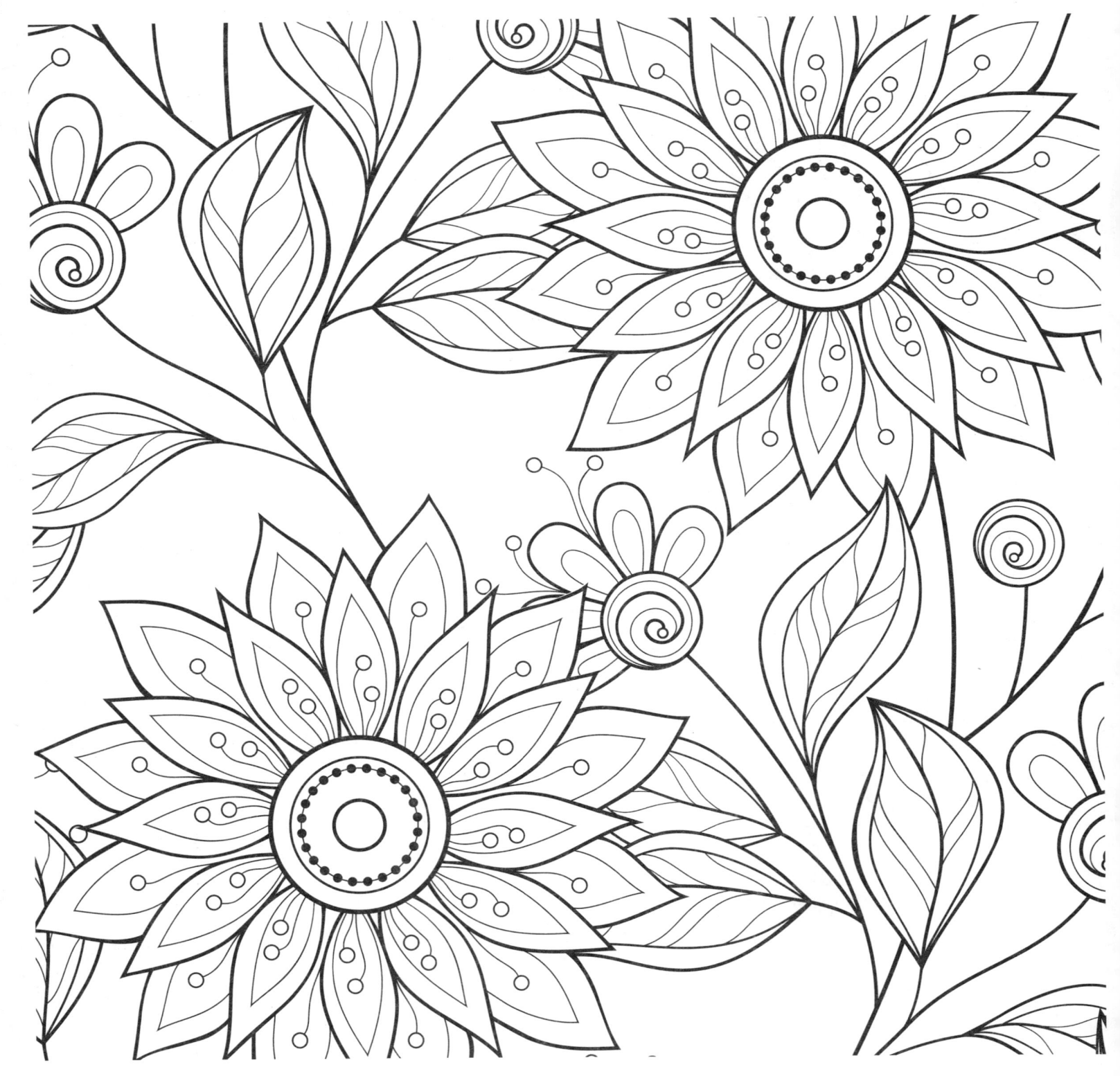

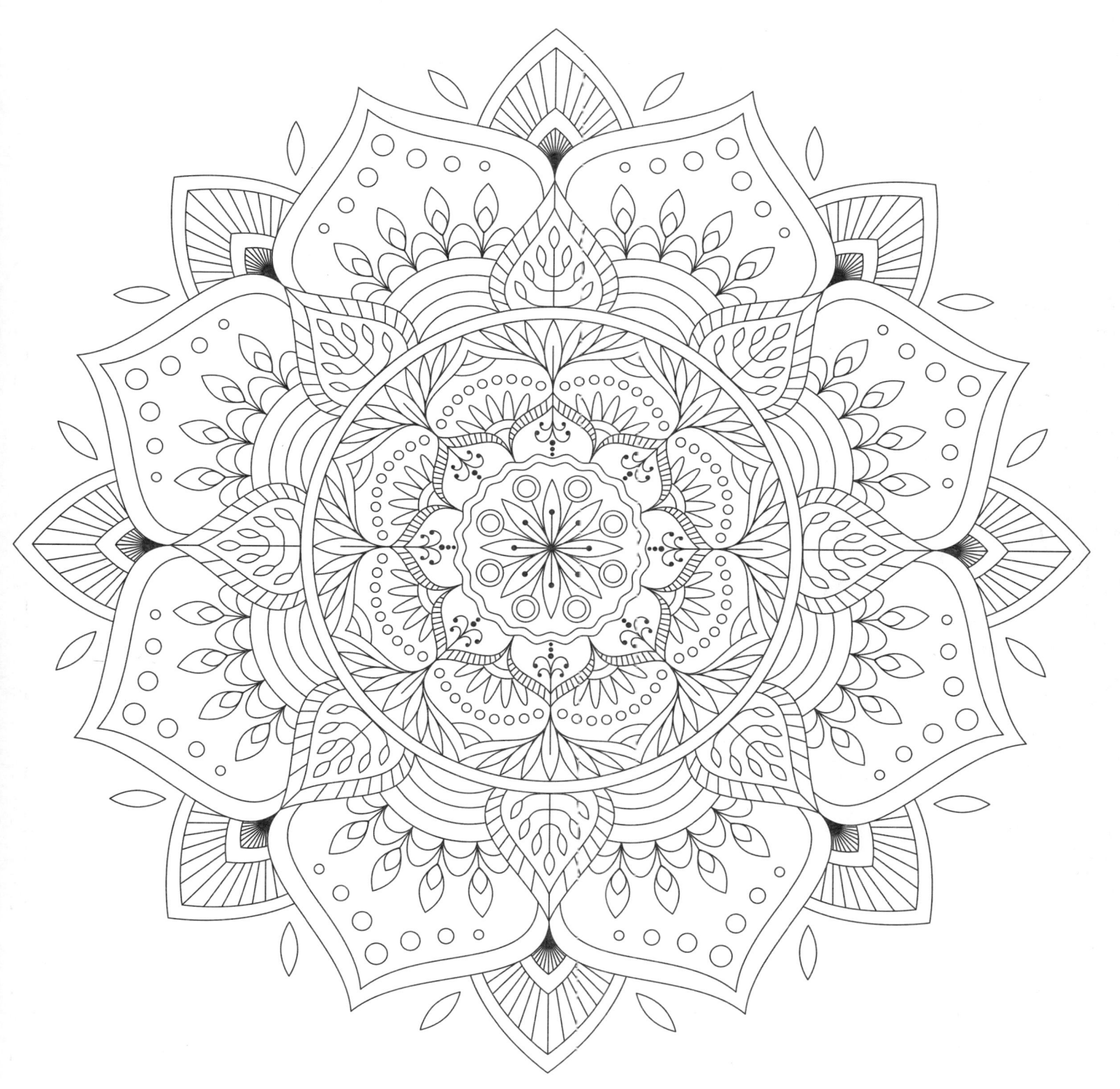

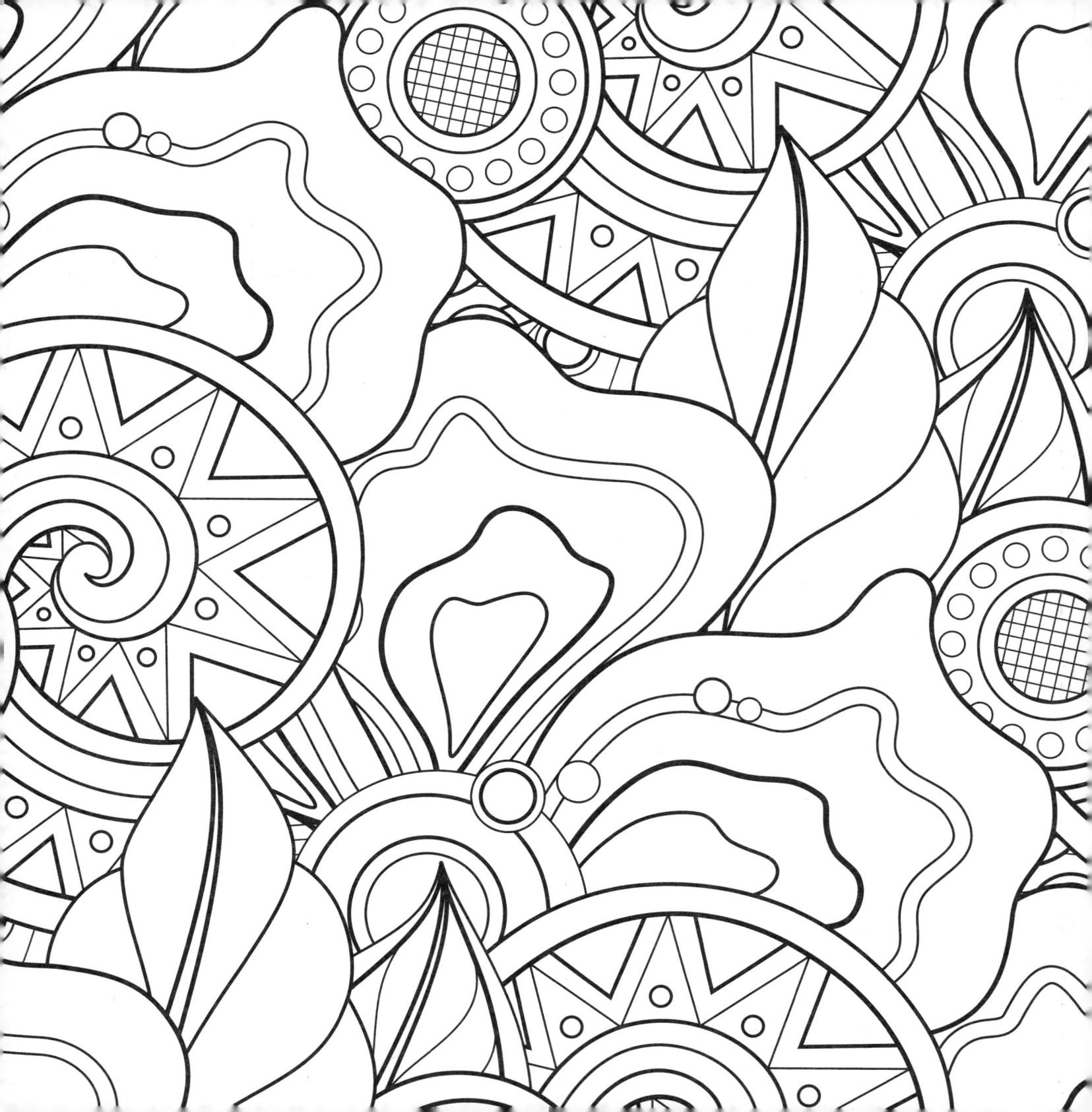

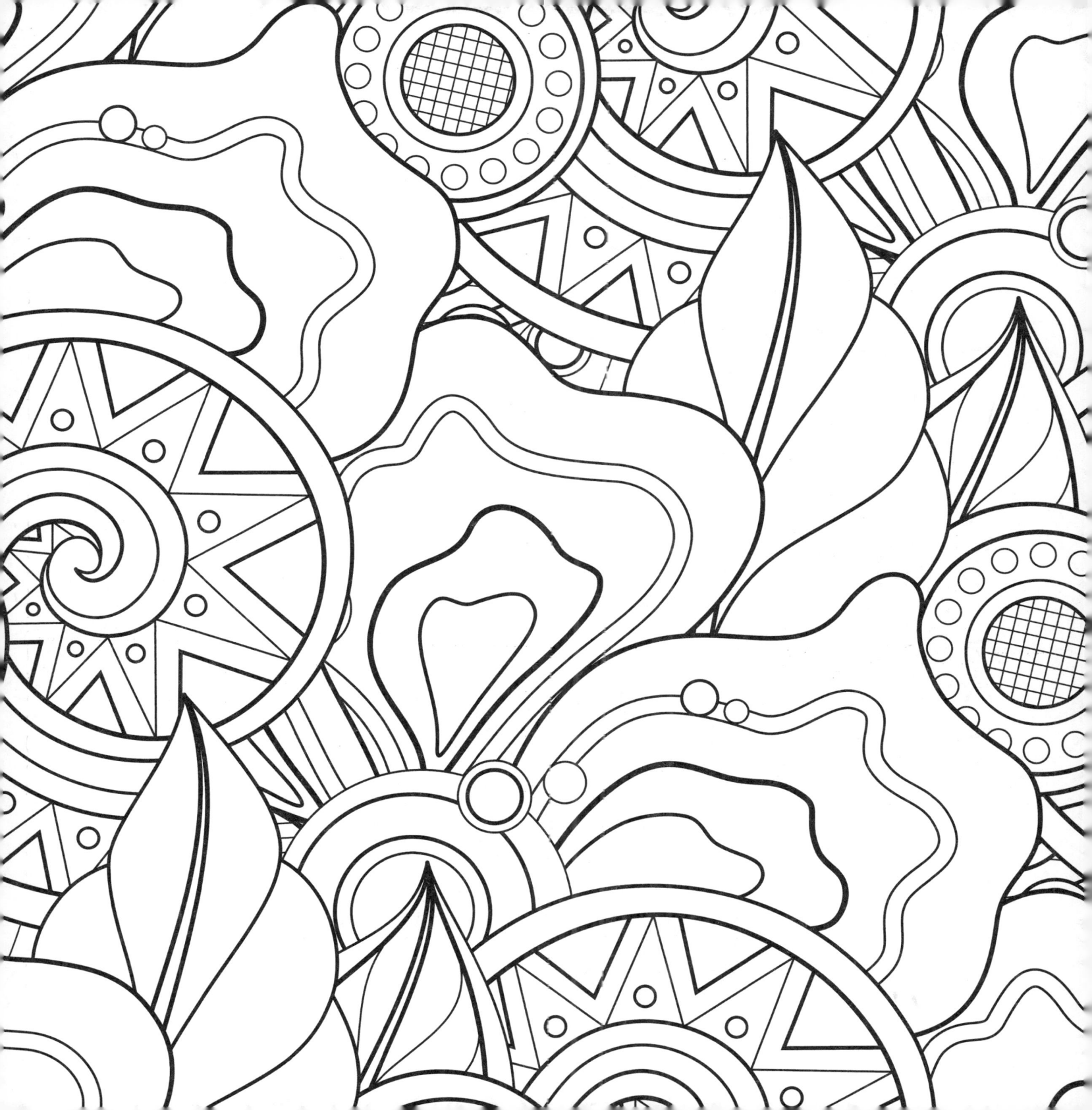

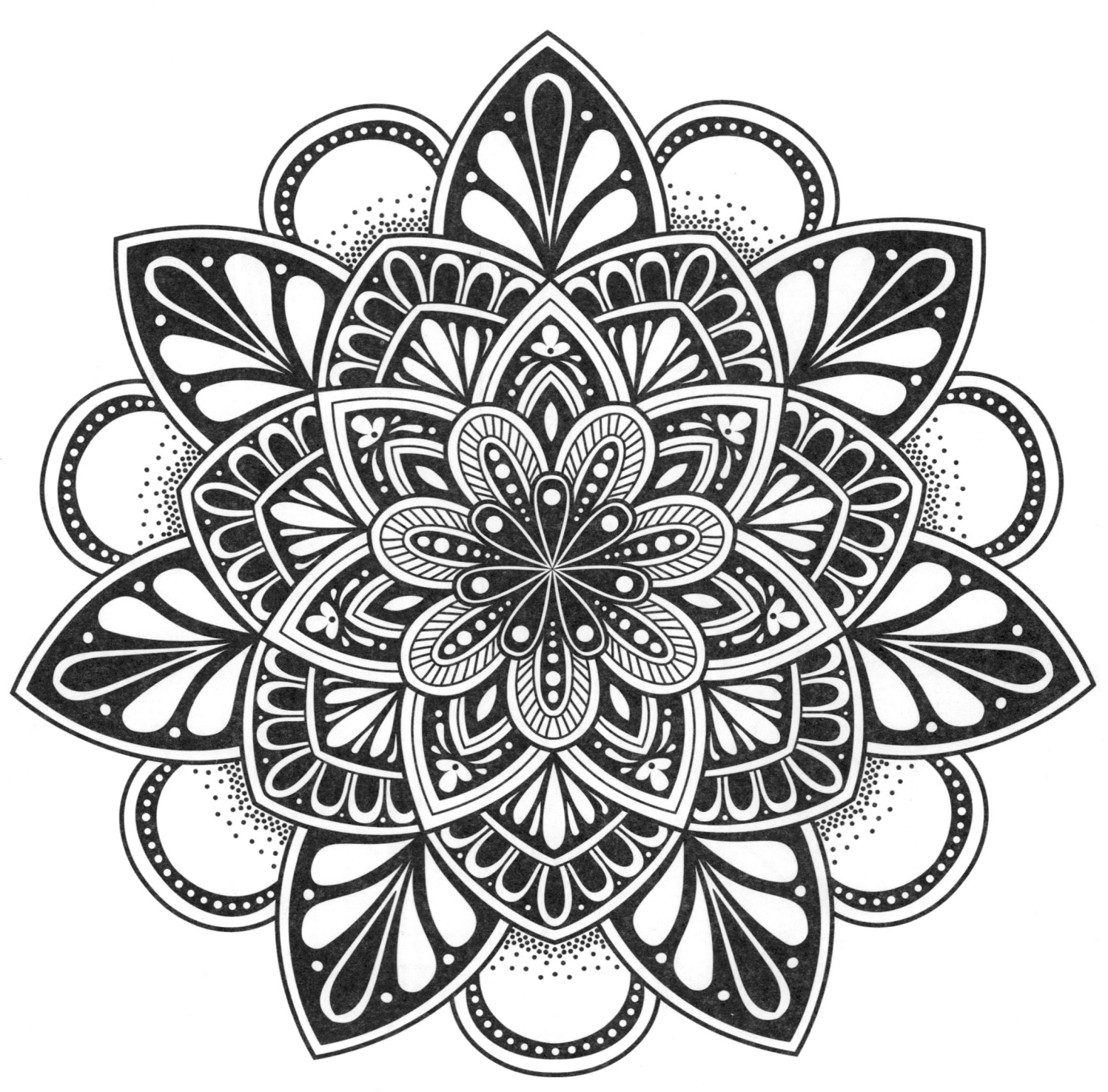

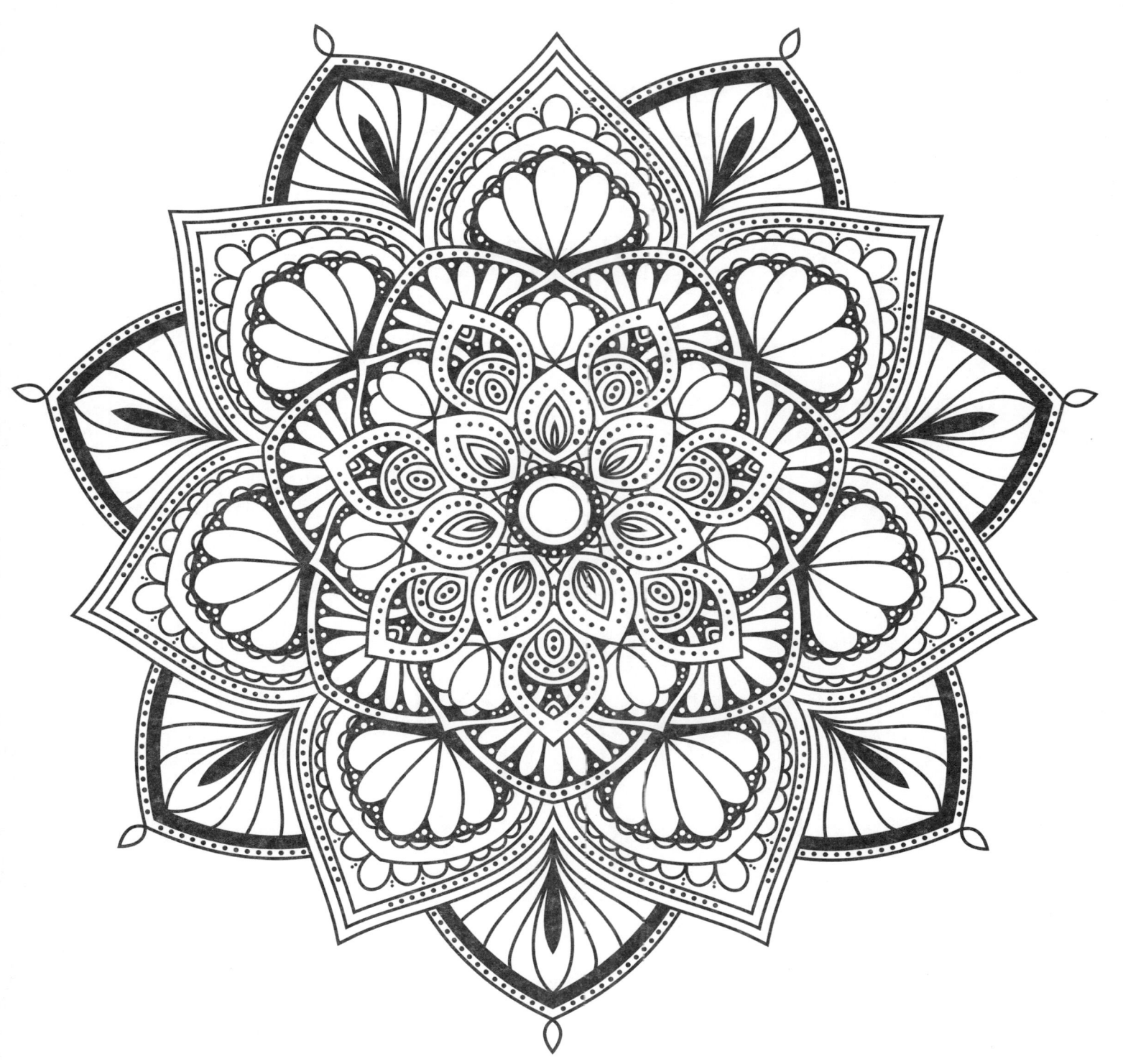

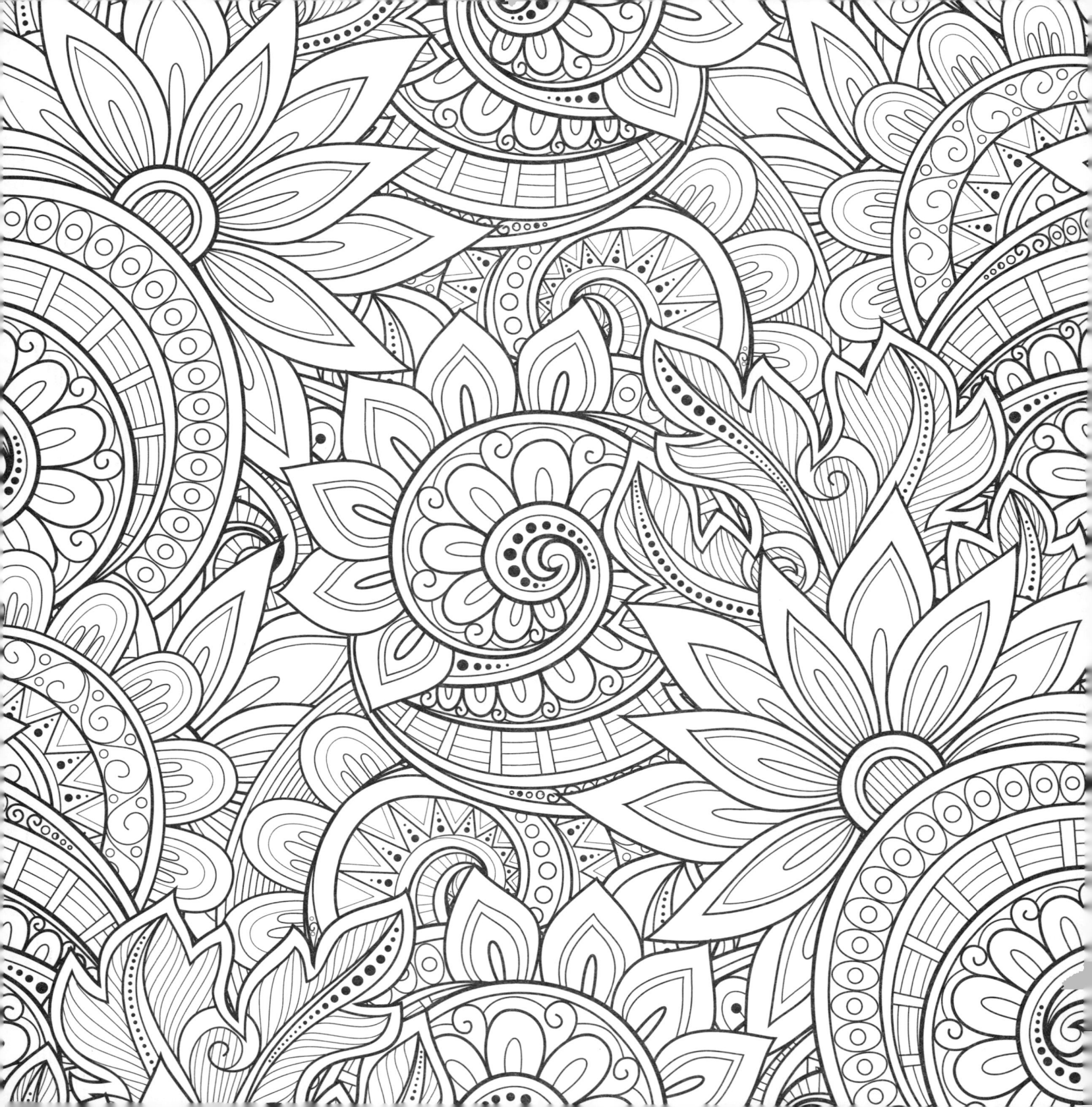

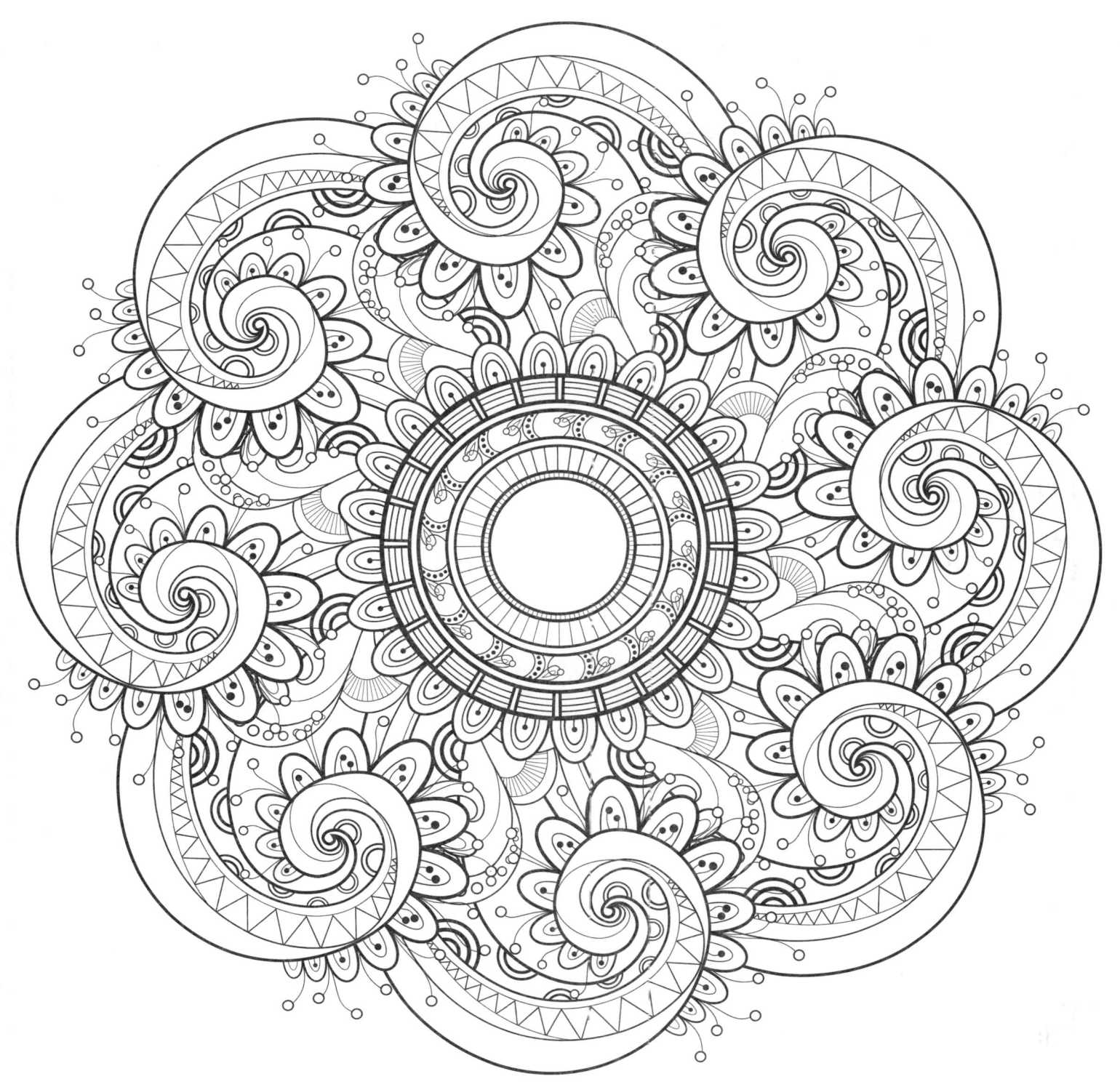

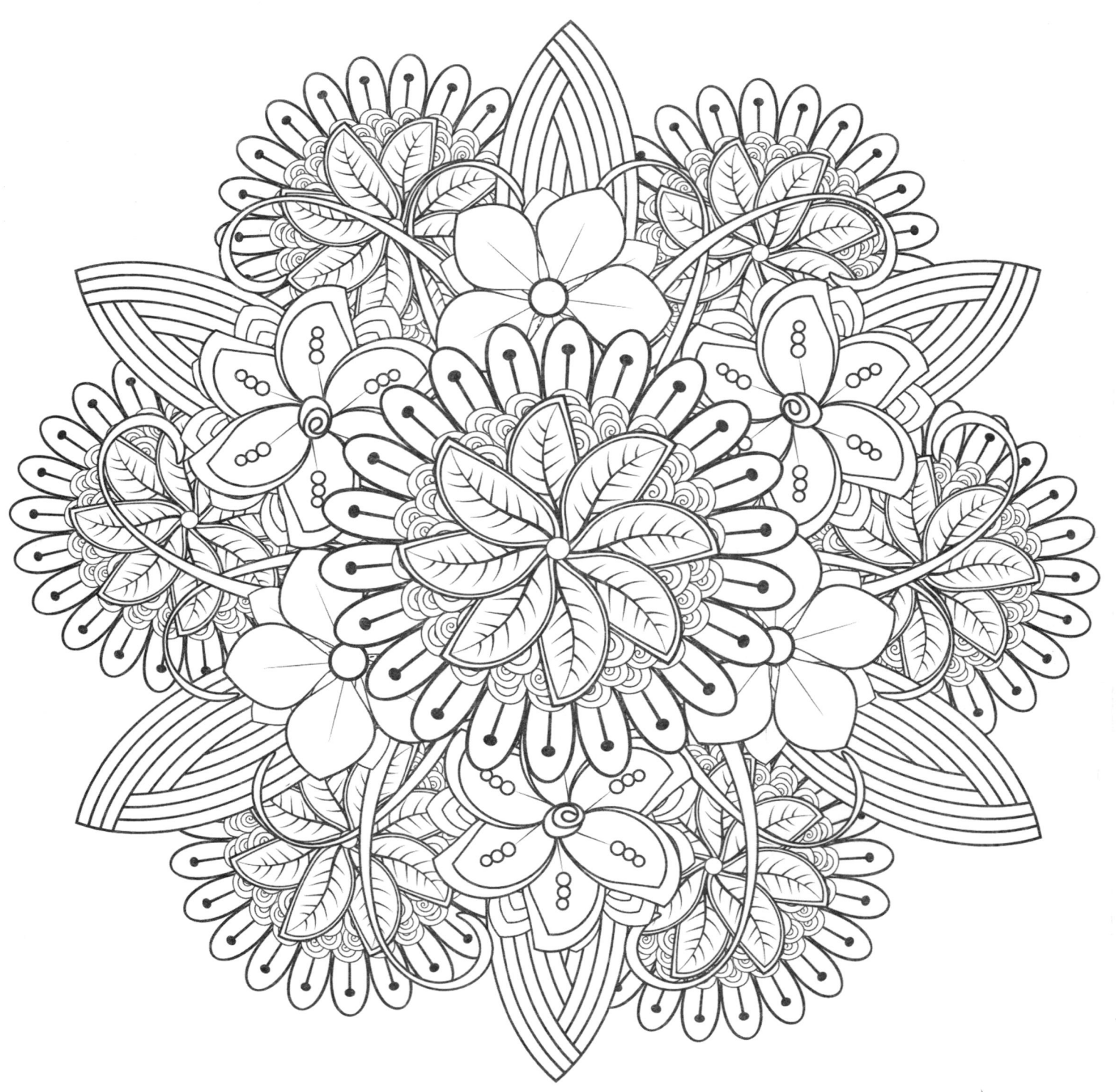

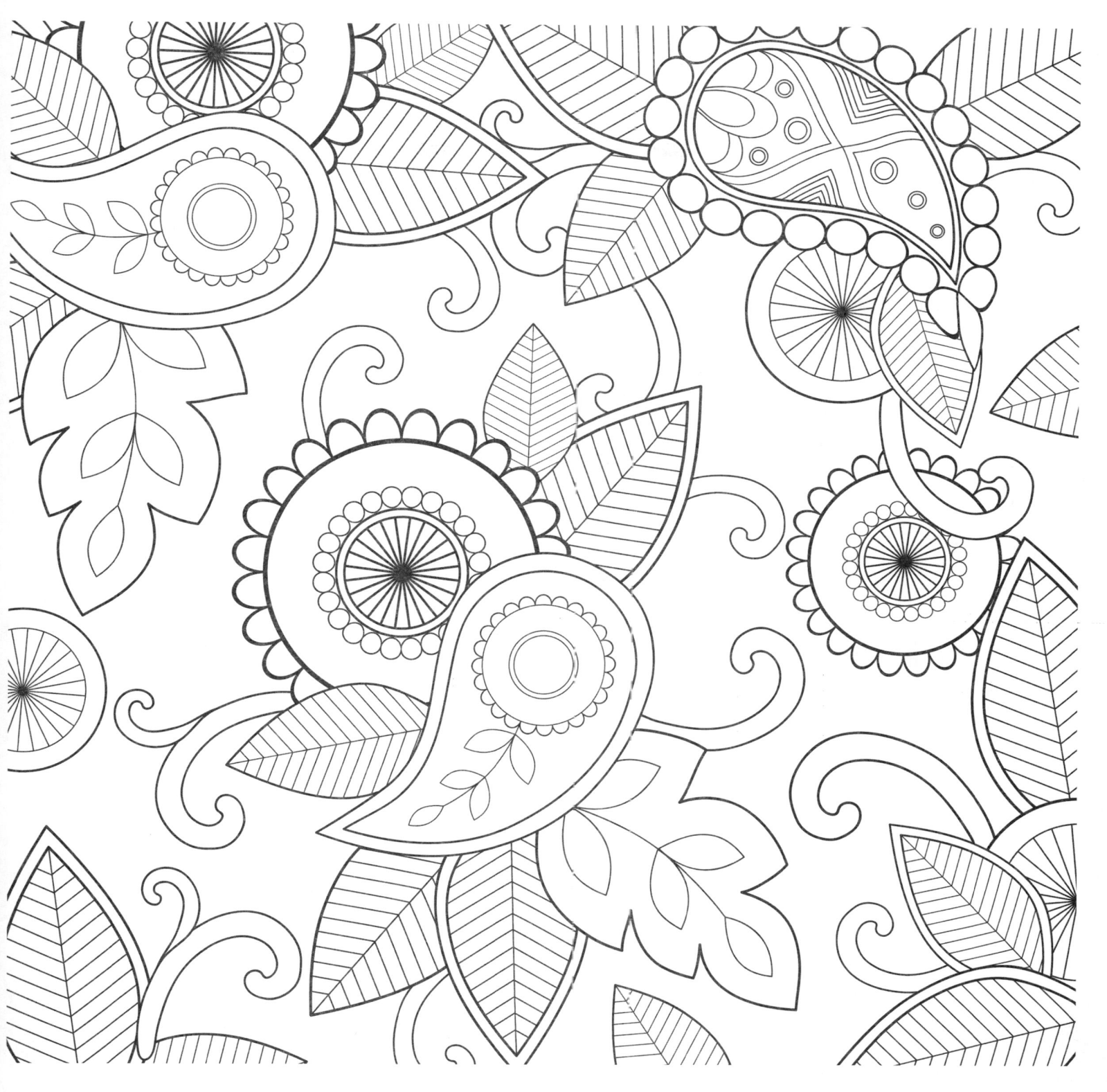

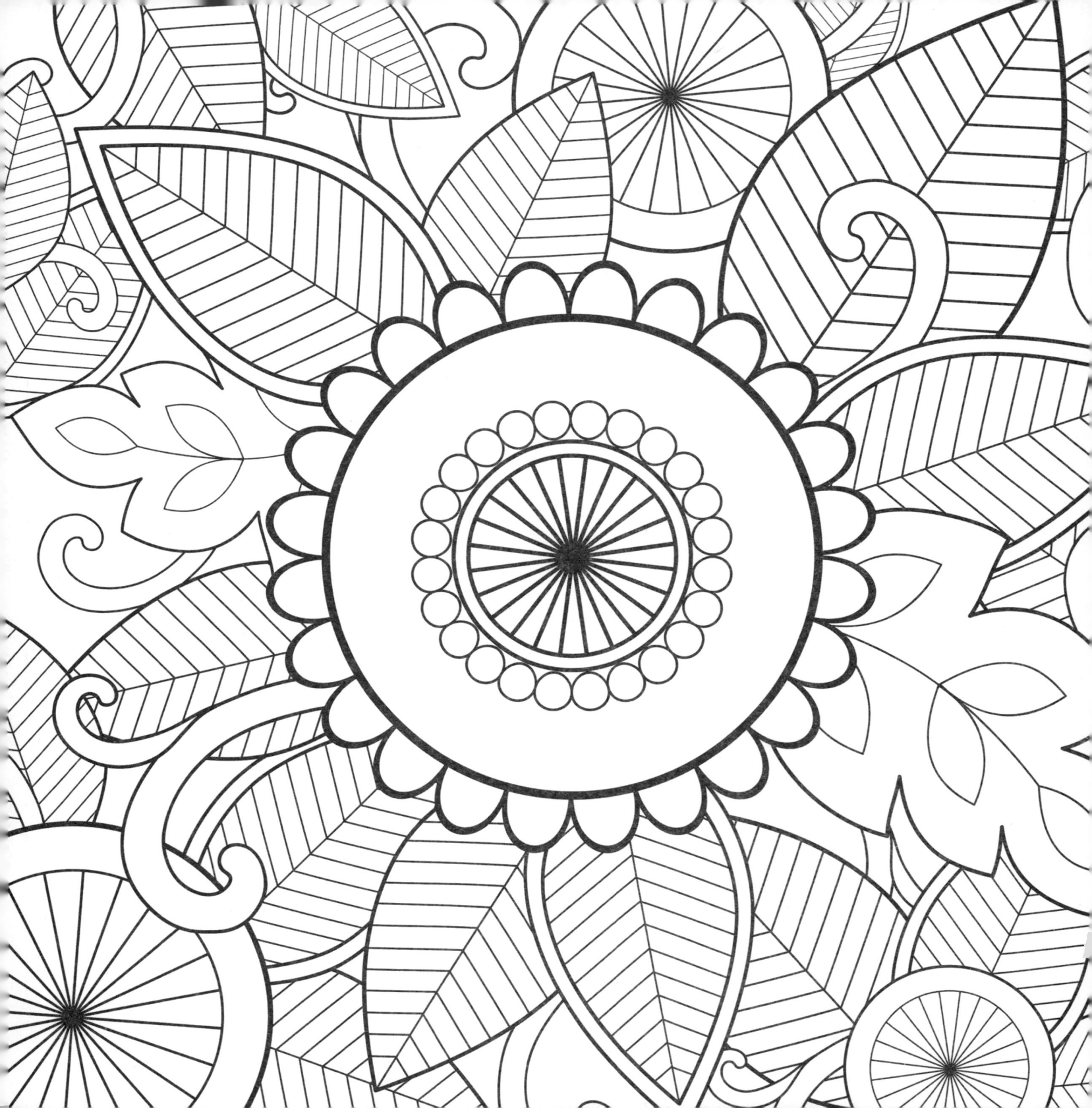